AF586335

HISTOIRE DE LA RÉVOLUTION,

PAR

A. F. BERTRAND DE MOLEVILLE.

OBSERVATIONS SUR CET OUVRAGE

ET

SUR L'HISTOIRE DE LA RÉVOLUTION

EN GÉNÉRAL.

Un grand nombre d'écrivains, tandis que la révolution s'achevoit au milieu de ses bruyans éclats, retraçoient en silence les évènemens qui en ont développé les effets, les crimes qui l'ont ensanglantée, et les vertus qu'elle a fait éclater. Plusieurs de ces écrivains, comme Pline, ont été ensevelis sous les cendres de ce volcan, dont ils suivoient les terribles détonnations. Ceux qui restent encore parmi nous, et qui ont, pour ainsi dire, survécu à eux-mêmes, au milieu de la destruction générale, n'ont pas tous le même esprit, les mêmes opinions, les mêmes talens; mais leur témoignage n'en sera pas moins utile aux jugemens de la postérité. Si un seul historien élevoit la voix pour raconter tant d'évènemens extraordinaires, on pourroit bien ne pas ajouter foi à ses récits. Notre révolution, dans ses principes et dans ses résultats, présente tant de phénomènes monstrueux, que ses témoins devroient être aussi nombreux que ses prodiges, et que ceux qui en retraceront les horreurs, devroient, s'il se peut, égaler le nombre des crimes qu'elle a produits. Les historiens de la révolution peuvent être comparés aux voyageurs, qui, depuis plusieurs siècles, vont visiter les ruines d'Herculanum, d'Athènes et de Palmyre. Au milieu de ces débris amoncelés, toujours quelque image nouvelle, quelque trait original s'offre à leurs pinceaux; le public les lit tous avec le même intérêt. Je ne sais par quelle magie les tableaux de la destruction intéressent toujours l'esprit humain; le génie de l'histoire moissonne ses lauriers les plus brillans sur des tombeaux.

Jusqu'à l'époque de notre révolution, la France avoit produit des chefs-d'œuvres dans tous les arts, elle avoit applaudi aux progrès de toutes les sciences; mais l'histoire n'avoit point laissé parmi nous de monument dont la nation pût s'enorgueillir. Nous avions eu nos Sophocle, nos Euclide, nos Térence, nos Socrate, nos Horace, nos Platon; mais Tacite étoit admiré, sans que nous puissions lui présenter des rivaux, et la gloire des Tite-Live et des Xénophon étoit inconnue à nos écrivains, qui offroient tout à la curiosité, mais rien à la méditation; qui se contentoient d'accumuler les évènemens, de brillanter des portraits, mais qui n'avoient point ces développemens profonds, ce pinceau chargé de couleurs vives, ces éclairs rapides, qui font descendre la lumière dans le cahos des révolutions sociales. Vivant au sein de la paix, et ne cédant qu'à des impressions légères, nous ignorions les replis obscurs du cœur humain, et les nuances morales des événemens politiques nous avoient échappé. La révolution nous a donné de nouvelles lumières ; la nature humaine, aux prises avec tant de passions, au milieu de tant d'ébranlemens et de vicissitudes, a laissé échapper ses horribles secrets, et le cœur de l'homme, comme un sépulcre ouvert par la foudre, nous a laissé voir toute sa corruption.

Les historiens profiteront de ces tristes découvertes ; la révolution, en accumulant tous les maux sur notre génération, rassembloit de vastes matériaux pour l'histoire, et elle nous préparoit des vengeurs, en formant des historiens capables de raconter un jour les forfaits dont elle a été le prétexte, l'effet et la cause.

L'histoire de la révolution française peut être divisée en plusieurs époques ; la première renferme le tems qui s'est écoulé depuis la convocation des états-généraux jusqu'à la fin de l'assemblée constituante. La nation se trouva d'abord divisée en plusieurs partis, qui manifestoient chacun leurs prétentions, mais qui n'osoient point encore les appuyer par la violence. Le ministère ouvrit imprudemment une discussion publique sur le sujet de la querelle ; et bientôt toutes les passions parurent à la tribune des états-généraux. Chaque parti, chaque ordre de l'état avoit confié ses intérêts dans cette assemblée, aux hommes qui s'étoient prononcés avec le plus d'exaltation ; le choc fut d'autant plus violent, que cette réunion des extrêmes n'avoit point laissé de parti intermédiaire. Le gouvernement n'osa point prendre sur lui de décider la question, et la cour fut précipitée, avec ses défenseurs et ses adversaires, dans les horreurs d'une révolution démocratique : voilà la première époque. La seconde est marquée également par la foiblesse du gouvernement, et par l'audace toujours croissante des révolutionnaires. Les auteurs de la constitution de 91, en abandonnant leur ouvrage à des hommes nouveaux, donnèrent à la révolution une marche nouvelle ; on vit alors éclater des passions qui ne s'étoient point encore montrées ; le génie de l'anarchie tendit à la nation de nouveaux pièges contre lesquels on n'étoit point en garde. La révolution avoit pris jusques-là ses instrumens dans les basses classes du peuple, sans toutefois y prendre ses agens et ses directeurs ; peu-à-peu elle descendit dans une sphère moins éclairée, et elle s'approcha de la multitude, qui s'empara des premiers rôles. Ce fut alors que le flambeau de l'opinion publique acheva de s'éteindre dans les violentes oscillations de l'opinion populaire ; dès-lors la révolution n'eut plus de frein ; la populace, devenue souveraine, exagéra toutes les idées démagogiques, dénatura tous les principes sociaux ; le trône, qui n'étoit plus défendu que par quelques serviteurs zélés, acheva de s'écrouler au milieu de ces nouvelles saturnales. L'humanité, la justice, remontèrent au ciel avec le vertueux Louis XVI, le sage se couvrit de son manteau et n'eut plus qu'à attendre la mort. Telles sont les nuances générales et progressives qui caractérisent la seconde époque de notre révolution.

M. Bertrand de Moleville a embrassé ces deux époques dans son Histoire. La première partie renferme les années 88, 89, 90 et 91 ; la seconde conduit le lecteur jusqu'au commencement de 93 ; c'est à cette époque que notre histoire de la révolution ne peut plus être écrite qu'entre les deux guichets de la prison et sous la dictée du bourreau. Quand les impressions douloureuses s'affoibliront avec les souvenirs, quand il sera possible de retracer les annales de la terreur, sans y mêler les regrets trop amers des pertes que nous avons tous faites individuellement dans ces jours de désolation universelle, M. Bertrand de Moleville essayera de surmonter ses dégoûts, et d'évoquer la vérité du fond des tombeaux où elle est ensevelie avec ses innombrables martyrs (1).

---

(1) C'est en 1793 que la guerre est devenue le terrible auxiliaire de la révolution, et que la discorde, qui agitoit les Français, a promené ses torches en Europe. M. Bertrand de Moleville, dans son malheureux exil, a été souvent à portée de connoître les causes secrètes des évènemens militaires; il y a étudié la situation politique des états, les intérêts et les rapports des puissances européennes pendant la révolution; et cette dernière partie de son Histoire ne sera pas moins intéressante que la première. Il n'est pas inutile d'ailleurs d'observer qu'il est, dans l'époque la plus orageuse de la révolution, des points de vue qu'on n'a pu bien saisir que dans le lointain. Sur le théâtre de tant d'évènemens malheureux, nous avons été sans cesse aux prises avec les dangers de chaque jour, avec les passions du moment : chacun de nous, trop occupé de ses propres alarmes, de ses intérêts personnels, ne jetoit qu'un regard distrait et passager sur les maux qui désoloient la nation. Il sembloit alors que les crimes et les désordres révolutionnaires cherchassent, comme les fluides, à se mettre en équilibre, et à se répandre également par-tout. Il n'étoit plus d'asile pour l'observateur, et les hommes les plus éclairés voyoient à peine au-delà du parti qu'ils avoient embrassé, et du tourbillon qui les entraînoit. Chacun pourroit fort bien faire sa propre histoire, celle de sa famille, celle de son cachot pendant la terreur; mais il est peu d'écrivains qui aient pu échapper à l'effet de ces frottemens journaliers, et se placer par la pensée au parterre, dans la représentation de ce drame terrible, qu'on ne pouvoit juger sur le lieu de la scène. Aussi nous n'avons eu jusqu'à présent que des mémoires partiels, où l'on a jugé les détails, les localités, les circonstances, sans embrasser les masses et l'ensemble. La plupart des ouvrages où l'on a dessiné à grands traits les caractères

En attendant que cette dernière partie de l'histoire de la révolution soit achevée, et que le moment soit venu de la faire paroître, nous donnons au public l'histoire des deux premières époques. Ce n'est pas, il est vrai, dans l'éloignement, que M. Bertrand de Moleville les a jugées; mais dans le cours des deux premières époques, la révolution ne promenoit point encore sa faulx sur la génération entière, et les orageux tourbillons dans lesquels la France étoit entraînée, n'interceptoient pas tous les regards de l'observateur attentif. Les germes de la révolution, qui a fait tant de victimes, qui a semé tant d'alarmes, se développoient autour de nous, et c'est de près qu'il falloit alors en observer les premières nuances et les caractères progressifs. M. Bertrand de Moleville étoit intendant de Bretagne en 88; il a vu, dans cette province, la révolution à son berceau; il a été ensuite ministre de Louis XVI. Il a vu descendre au tombeau l'antique monarchie des Français. Proscrit au 10 août, il a été obligé de s'éloigner; et c'est dans la méditation de la retraite, dans le moment même où les premiers égaremens du peuple se faisoient sentir par les plus affreux résultats; lorsqu'on

---

distinctifs de la révolution, ont été faits loin de Paris, loin du centre des mouvemens et des intrigues révolutionnaires. M. de M... a écrit en Suisse ses *Considérations sur la France;* et c'est du rivage, loin des cris de l'équipage et des matelots, que cet observateur habile a si bien fait connoître les causes, les effets et les progrès de la tempête. Tous les amis de la vérité doivent donc se réunir à moi, pour engager M. de Bertrand à rassembler les notes précieuses qu'il a recueillies dans son exil, sur les époques les plus meurtrières de la guerre et de la révolution, et à donner à ses compatriotes le tableau impartial des évènemens qui ont ébranlé à-la-fois la France et l'Europe.

pouvoit opposer à la fougue déraisonnée des passions, les terribles oracles de l'expérience, qu'il a mis à profit les nombreux matériaux historiques qu'il avoit recueillis pendant les premières années de nos troubles politiques et sur-tout pendant son ministère.

M. Bertrand de Moleville a-t-il rempli l'obligation sacrée que doit s'imposer tout écrivain raisonnable et juste, lorsqu'il écrit l'histoire ? Ceux qui ont connu son caractère inflexible, sa conduite ferme et généreuse dans les emplois éminens qu'il a exercés, n'ont aucun doute sur la franchise de ses opinions, et sur l'inaltérable fidélité de ses récits : le public n'en aura pas davantage, quand il aura lu cet ouvrage, qui est peut-être le premier monument historique qu'on ait élevé à la vérité, dans le cours de la révolution. M. Necker a publié une histoire des premières années de nos troubles révolutionnaires ; mais M. Necker avoit un grand intérêt à ne pas dire toute la vérité, et son livre n'est souvent qu'une apologie de son ministère. M. Bertrand de Moleville n'a point laissé d'équivoques souvenirs dans sa carrière politique, et il se montre dans son Histoire, tel qu'il s'est montré dans les premières places du gouvernement, toujours juste, toujours modéré, fidèle à la cause de la vertu comme à celle de la vérité, et mettant sa gloire à mériter les injures des ennemis de l'une et de l'autre. Le style de M. Bertrand n'est ni recherché, ni brillant ; mais peut-être le style simple et correct est-il le seul propre à l'histoire d'une révolution comme la nôtre, semée d'événemens extraordinaires, d'épisodes bizarres, de catastrophes dont on n'avoit pas vu d'exemples. Plus la vérité étonne par elle-même, moins elle doit éblouir par sa parure. M. de Moleville a peu prodigué les images, il a peu jeté de fleurs où il n'y a presque que des larmes à répandre ; mais il a semé son sujet de beaucoup d'observations sages, d'apperçus souvent profonds, de développemens judicieux, propres à éclairer le peuple et les gouvernemens sur les dangereuses manœuvres des novateurs. Son Histoire est moins l'ouvrage d'un écrivain éloquent, que celui d'un homme d'état; et si les académiciens ne le placent pas parmi les chefs-d'œuvres des orateurs, les politiques le mettront à côté des Mémoires de Sully et du cardinal de Retz.

Je crois avoir dit que l'histoire des révolutions, en général, est celle qui intéresse le plus l'esprit humain. Les évènemens y sont plus fréquens, les tableaux plus variés, la marche plus rapide. Tacite attache le lecteur dès l'ouverture de son livre, où il dit qu'il va raconter des crimes inouis, des combats sanglans, des empires renversés, des gouvernemens détruits. L'historien de nos jours n'aura pas moins de matériaux que Tacite; mais il faut convenir aussi qu'il sera quelquefois embarrassé de cette funèbre et déplorable richesse. Les crimes se sont tellement multipliés, qu'on peut à peine les distinguer; les évènemens se sont succédés si rapidement, qu'ils paroissent confondus; on a vu souvent les mêmes catastrophes se reproduire sous des couleurs peu différentes. C'est sur-tout aux Français, entraînés dans des secousses toujours renaissantes et tournant sans cesse sur l'axe des révolutions, qu'on peut appliquer ces paroles : *Faites, Seigneur, qu'ils deviennent semblables à une roue!* Ainsi, le choc de tant de passions, qui doit offrir des images si variées, n'avoit souvent qu'une marche uniforme, et certaines époques de nos troubles nous ont prouvé que les orages ont aussi leur monotonie. M. Bertrand de Moleville, qui a très-bien étudié l'esprit de la révolution, en suit toujours avec beaucoup d'habileté, les phases et les progrès; sous sa plume, chaque évènement, chaque faction est toujours représentée avec les couleurs qui leur conviennent ; il a arraché le masque à beaucoup de personnages, qui avoient acquis une injuste considération ; il a souvent levé le voile qui nous cachoit les véritables causes des évènemens ; il a ouvert au public, qu'il faut enfin éclairer, les archives secrètes de la vérité ; et mettant toujours beaucoup d'ordre et de clarté dans ses récits, il efface cette monstrueuse monotonie des crimes révolutionnaires, en révélant quelquefois des particularités piquantes, en racontant des anecdotes originales, en produisant des pièces nouvelles, qui doivent intéresser la curiosité, et qui contribueront à jeter une plus grande lumière sur les époques les plus importantes de la révolution.

Quelques personnes intéressées à ensevelir la vérité dans l'ombre, ont dit des injures à M. Bertrand de Moleville ; il n'a pas cru devoir y répondre, et je dois aussi à sa gloire de garder le silence sur des déclamations qui ne sauroient l'atteindre : on lui a fait des reproches sur quelques passages de ses Mémoires, qu'il a publiés en anglais, et dont il a consigné les faits les plus importans dans cette Histoire ; M. Bertrand a répondu victorieusement aux objections qui lui ont été faites ; il n'a pas daigné répondre à ce qu'on a pu dire sur ses Mémoires et ses Annales, publiés en français. Il seroit injuste de s'arrêter aux jugemens trop sévères qu'on pourroit porter sur cet ouvrage, d'après des traductions dont M. Bertrand de Moleville lui-même a dénoncé l'inexactitude et l'infidélité. Nous donnons aujourd'hui l'ouvrage original, revu et beaucoup augmenté par M. Bertrand ; et nous ne craignons pas d'invoquer, pour l'authenticité des faits, le témoignage des hommes les plus véridiques.

Il est une objection plus grave, à laquelle nous devons répondre, une objection qu'on n'oppose pas seulement à

M. Bertrand de Moleville, mais à tous ceux qui publient des mémoires historiques sur le tems qui vient de s'écouler. Nous sommes trop près, dit-on, de ces grands et terribles évènemens, pour les retracer avec cette impartialité qui est le caractère propre de l'histoire. On compare, avec plus d'esprit que de vérité, les écrivains qui décrivent aujourd'hui la révolution, à des peintres qui essaieroient de dessiner les paysages voisins de l'Etna, tandis qu'ils seroient encore bouleversés par un tremblement de terre. Cette objection ne nous a pas paru raisonnable, et nous ne croyons pas qu'on ait jamais trouvé mauvais que Tacite, Suétone, César, Salluste, aient écrit l'histoire romaine, sous prétexte qu'ils ne faisoient que décrire les évènemens qui leur avoient été quelquefois personnels, et dont ils venoient d'être les témoins. L'histoire, au contraire, pour la fidélité de ses récits, ne sauroit trop invoquer le témoignage des âges contemporains ; la source la plus authentique pour l'histoire de la révolution anglaise, est l'ouvrage du vertueux Clarendon, qui écrivoit sur le théâtre encore fumant de la guerre civile. Sur quoi peut, en effet, juger la postérité, si ce n'est sur l'assertion de témoins dignes de foi ; et dire qu'on ne peut pas écrire l'histoire aujourd'hui, n'est-ce pas condamner les générations qui nous suivent, à chercher nos annales dans les gazettes mensongères et dans les rumeurs incertaines de la tradition? Quel tems fut plus favorable pour raconter un évènement, que celui où les assertions du mensonge peuvent être publiquement débattues et démenties par les témoins oculaires, où les récits fidèles peuvent recevoir la sanction instantanée du public, qui a été présent aux évènemens dont on lui met le tableau sous les yeux? Je sais qu'on peut étudier l'histoire des sociétés dans les monumens qu'elles ont laissés; mais dans une révolution qui a tout détruit et qui n'a rien produit de durable, quels sont les monumens qui resteront à consulter? Les flammes qu'elle a par-tout allumées sont heureusement éteintes; les larmes de l'humanité, tristes monumens de nos troubles, sont taries; la terre dérobe aux regards les dépouilles de la vertu et de l'innocence immolée au génie des factions! Que nous restera-t-il donc pour faire connoitre à la postérité ces terribles époques, si ce n'est le témoignage des écrivains indépendans et vertueux, qui ont échappé à la faulx de la terreur révolutionnaire? Si d'ailleurs on doit adopter l'idée que les philosophes se sont faite du tems qu'ils ont défini, *la durée des choses*, il faut convenir que sa marche a dû être beaucoup plus rapide depuis dix ou douze ans, et que si le tems a été long-tems en possession de tout dévorer, la révolution l'a dévoré lui-même à son tour. Le mouvement révolutionnaire nous entrainoit si rapidement d'une idée à une autre, il renversoit si subitement nos projets, nos espérances; il a si souvent changé l'objet de nos craintes et de nos calculs, qu'il a donné aux années la rapidité des jours; et l'on peut dire qu'au milieu de tant de secousses toujours renaissantes, de tant d'abîmes ouverts et refermés sous nos pas, de tant de factions presqu'en même-tems triomphantes et abandonnées, de tant de révolutions, en un mot, dans le sein même de notre révolution, nous sommes devenus notre propre postérité, et nous pouvons aujourd'hui parler de nous-mêmes, comme les âges futurs. Nous rions aujourd'hui des idées qui ont excité notre sérieux enthousiasme; nous blâmons hautement ceux que nous avons admirés dans les transports de notre ivresse passagère; nous admirons ce que nous avons décrié; nos hommages vont chercher les objets récens de notre haine et de nos imprécations, et la plupart des événemens de la révolution ont perdu la couleur que le prisme du moment leur avoit donnée. C'est une région que nous avions parcourue dans les ténèbres; nous nous en étions fait une fausse opinion ; mais le jour est venu rectifier nos idées ; il a rendu aux objets qui nous environnent, la couleur et la forme qui leur sont propres; il nous a montré des abimes où nous ne croyions voir que des plaines fertiles ; il nous a fait voir un terrein solide et uni, dans l'endroit même où la nuit nous effrayoit de la vue trompeuse d'un précipice. La curiosité ne gagnera pas moins que la vérité à ces soudaines métamorphoses; déjà, lorsque nous lisons l'histoire des premières époques de la révolution, il semble que nous sortions d'un rêve pénible ; nous pouvons à peine croire à la réalité de ces scènes extraordinaires, auxquelles nous avons assisté, et nous croyons quelquefois lire l'histoire d'un autre peuple et d'un autre siècle.

« La France, me dira-t-on encore, est enfin plus paisible; les passions sont assoupies; ne mêlez pas au calme dont nous jouissons, le souvenir trop déchirant de nos troubles passés. Les grandes catastrophes de la révolution nous sont encore trop présentes, pour que nous puissions les oublier ; gardez-en le tableau pour les générations qui n'auront point souffert, et pour qui de longs malheurs n'auront pas fait luire le flambeau d'une trop fatale expérience! » — J'ai peut-être appris plus qu'un autre à connoitre le prix de la tranquillité, et les persécutions nombreuses que j'ai éprouvées, m'y ont donné quelque droit ; mais je ne crois pas que la paix puisse jamais s'éloigner, par la publication d'un ouvrage où l'on avertit les peuples des erreurs qui peuvent les troubler. Plus un gouvernement a besoin de se consolider, plus il a l'intention de ramener le calme, plus il doit encourager le zèle des écrivains qui retracent aux peuples les malheurs des révolutions, et qui dévoilent les ressorts cachés qu'on fait jouer pour bouleverser les sociétés. A Dieu ne plaise, que les écrivains qui rappellent les évènemens de la révolution française, veuillent réveiller les passions qui les ont ensanglantés! J'aurois, sur ce point, plus d'un exemple à citer. L'histoire de Frédéric-Guillaume, où M. de Ségur retrace les principaux caractéres de notre révolution, n'a point réveillé de haines; et les monumens qu'il élève à la mémoire de Louis XVI, de Malesherbes et de tant d'illustres victimes de la terreur, ont excité tout l'intérêt du public, sans attirer la surveillance du gouvernement. L'ouvrage de M. Bertrand de Moleville, dont les principes sont, j'ose le dire, plus indépendans de cet esprit qui fait les révolutions, dont les couleurs moins brillantes sont peut-être plus vraies, doit inspirer plus d'intérêt encore au public, et plus de sécurité à ceux qui sont chargés de maintenir la tranquillité au milieu des élémens dispersés des troubles. Les premières époques dont il fait l'histoire, dégagées de l'esprit de fanatisme qui les a rendues si orageuses, ne sont plus pour nous que des souvenirs historiques; et leurs sanglantes catastrophes, sous la plume de l'écrivain impartial, semblent se détacher de notre âge, et se placer pour nous dans le tems des proscriptions de Sylla, ou dans le siècle qui a vu s'allumer et s'éteindre les fureurs de la ligue. Dans ses premières époques, on voyoit la révolution dans l'avenir, on ne la voit plus aujourd'hui que dans le passé; c'est le prisme trompeur de l'espérance qui nous en montroit les résultats; aujourd'hui, c'est la terrible vérité qui a fait entendre sa voix. Nos premiers débats ont été d'autant plus violens, qu'ils ne portoient que sur des choses vagues, que sur des conjectures; mais aujourd'hui ils portent enfin sur des faits, et tout le monde est à-peu-près d'accord. Dans la première année de la révolution, le peuple avoit, pour ainsi dire, toute la fougue, toutes les illusions, toutes les passions de la jeunesse; il étoit facile alors de l'émouvoir et de l'agiter : il est resté avec le calme de l'expérience, avec les regrets, l'épuisement et le sang-froid qui accompagne la dernière saison de la vie. Il ne demande plus qu'un asile dans ses malheurs, qu'un soutien dans sa foiblesse; et le plus sûr garant de sa tranquillité, est le pressant besoin qu'il a d'être tranquille. M. Bertrand de Moleville n'a développé dans cet ouvrage, que des principes consacrés aujourd'hui par l'opinion du peuple et du gouvernement. Il a beaucoup souffert dans la révolution, mais il ne se livre point aux fougueuses inspirations du ressentiment personnel; il sait qu'il est dans la révolution, des crimes que la divinité seule peut punir, comme il est des maux qu'elle seule peut réparer; mais qu'il soit permis à l'historien d'élever quelquefois des autels à la vertu malheureuse, et sur-tout qu'on ne lui envie pas le douloureux plaisir de marquer de noir, comme Sterne, la page où il doit raconter la mort de ses amis.

MICHAUD, *éditeur.*

N. B. La première partie de cet ouvrage, composée de 5 volumes in-8°. d'environ 400 pages chacun, se vend à Paris chez GIGUET et Ce., imprimeurs-libraires, *rue de Grenelle Saint-Honoré, n. 42, ancien hôtel des Fermes.*

Se trouve aussi chez H. NICOLLE, libraire, rue du Bouloy, à l'établissement St.-Simon; et chez tous les principaux libraires de l'Europe.

Prix des 5 volumes, papier carré, brochés. . .	21 francs.
— Papier grand-raisin ordinaire, brochés. . .	30
— Papier vélin grand-raisin, très-belle impression, cartonnés.	60

(*En envoyant 6 francs de plus, on recevra les 5 volumes franc de port.*)

On trouve aussi chez GIGUET *et* C^e.

Recueil de Poésies diverses, par J. Delille, contenant des pièces fugitives inédites, et quelques fragmens du poëme de *l'Imagination* et de celui du *Malheur et de la Pitié*, avec plusieurs morceaux de l'*Homme des Champs*, supprimés dans les éditions qui ont été publiées; précédé d'une notice historique sur l'auteur, et suivi des extraits raisonnés des *Georgiques françaises*, par Fontanes, Esménard, Guinguené, Millin et d'autres littérateurs distingués. —Vol. in-8. orné du portrait de l'auteur, prix : 3 liv. et 4 liv. franc de port. Vol. in-12, avec portrait, prix : 2 liv. et 5 liv. franc de port.

N. B. Cet ouvrage, orné du portrait de l'auteur, précédé d'une notice historique, et contenant beaucoup de poésies qui n'avoient pas encore paru dans les journaux ni dans aucun recueil, doit etre distingué d'un autre, formant quatre ou cinq feuilles d'impression, qui vient d'être publié sous le titre de *Poésies diverses*, par J. Delille.

Il sera publié incessamment une nouvelle édition *des Jardins*, avec des changemens et additions de l'auteur, contenant l'épisode d'Abdolonyme, où sont retracées les journées des 5 et 6 octobre.

Le Chevalier Robert, ou *Histoire de Robert, surnommé le Brave*, dernier ouvrage posthume de Louis-Elisabeth Delavergne, comte de Tressan, chevalier de l'ordre royal et militaire de St.-Louis, commandeur de l'ordre de St.-Lazare, lieutenant-général des armées du roi, commandant du comté de Bitche et Lorraine allemande, l'un des quarante de l'Académie française, associé libre de celle des sciences de Paris, de la société royale de Londres, des académies de Berlin, d'Edimbourg, de Nancy, de Montpellier, de Rouen, etc. dédié, avec permission, à l'empereur de toutes les Russies. — *Vol. in-8., pouvant faire suite à la collection des romans de cet auteur.* — Prix : 3 liv. et 4 liv. franc de port. Seconde édition, revue; corrigée, augmentée de plusieurs morceaux inedits du même auteur, et ornée d'une gravure, avec une romance mise en musique par M. Aubert, professeur de musique au Conservatoire.

Cours Élementaire d'Histoire naturelle pharmaceutique, ou description des matières simples que produisent les trois régnes de la nature, et qui sont d'usage en pharmacie, en chimie et dans les différens arts qui en dérivent, notamment dans ceux du teinturier et du fabricant de couleur, etc. etc., généralement comprises sous l'acception de *matière médicale*, présentées d'abord par régnes, ensuite par genres, et enfin par espèces, avec les noms de chacune, leur origine, leurs choix, leurs préparations, leurs principaux usages, leurs propriétés physiques et médicinales, et considérées par leur rapport à la doctrine pneumato-chimique. Par Simon Morelot, ancien professeur de pharmacie chimique, professeur d'histoire naturelle à l'École gratuite de pharmacie membre de la Société de médecine, etc. etc. — *Deux vol. in-8. de près de 900 pages, avec sept tableaux.* Prix : 9 l. et 12 l. franc de port.

Histoire des Campagnes du prince Italiski Suworow-Rymnikski, général-feld-maréchal, au service de S. M. l'Empereur de toutes les Russies ; traduit de l'allemand et du russe, avec portrait. — Format in 8. 2 vol. fig. 5 liv. et 6 liv. franc de port ; format in-12, 3 liv. et 4 liv. franc de port.

Memoire de Ramel, l'un des déportés à la Guiane française, sur quelques faits relatifs au 18 fructidor, sur le transport et le séjour des seize déportés dans cette colonie, et sur son évasion avec *Pichegru*, *Barthelemy*, *Villot*, *Dossonville*, *Delarue* et *Letellier*, avec les circonstances de la mort du général *Murinais*, de *Tronçon-Ducoudray*, etc. *vol. in-12*, avec gravure, 3e. édition. — Prix : 1 liv 10 s.

Anecdotes secrètes sur le 18 fructidor. et *nouveaux Mémoires des deportes* à la Guiane, écrits par eux-mêmes, et faisant suite au *Memoire de Ramel*, 2e. édition, revue, corrigée et augmentée, avec gravure. — Format *in*-8. fig. Prix : 3 liv. — Format *in*-12, 1 liv. 10 s.

(*Ouvrages sous presse, pour paroître incessamment.*)

Histoire des Progrès et de la Chûte de l'empire de Mysore, contenant un tableau historique de l'Indostan, la vie d'Hyder-Aly, la vie de Tippoo-Saïb, et ses relations avec Louis XVI et avec la république française, lors de l'expédition d'Egypte ; ses dernières guerres contre les Anglais, la prise de Seringapatam, les papiers curieux trouvés dans le palais de Tippoo, les lettres de Bonaparte à ce sultan et au schérif de la Mecque ; enfin, un tableau des mœurs et des gouvernemens indiens. Rédigée sur plusieurs mémoires manuscrits, et sur quelques ouvrages publiés récemment en Angleterre ; par J. MICHAUD. — Deux vol. in 8°., ornés du portrait d'Hyder-Aly, et de celui de Tippoo-Saïb, de plans de bataille et de plusieurs cartes de l'Inde, nécessaires à l'intelligence de l'ouvrage. — Prix 12 fr., et 15 fr. franc de port.

Relation de l'ambassade à la cour du grand Lama, souverain de Tibet ; par le capitaine SAMUEL TURNER, avec des observations botaniques, minéralogiques et médicinales, par ROBERT. SAUNDERS. — Deux vol. *in*-8. traduits de l'Anglais par le cit. CASTERA, ornés de cartes et gravures du pays. Prix : 15 francs et 18 fr. franc de port.

N. B. On trouve chez le même imprimeur-libraire, des collections complètes du *Moniteur Universel*, depuis l'origine de ce journal jusqu'au premier vendémiaire an 9, exclusivement, formant 24 vol. in-fol., avec l'introduction. — Prix : 430 francs en feuilles, et 480 francs reliés.

www.ingramcontent.com/pod-product-compliance
Lightning Source LLC
LaVergne TN
LVHW052042160826
845678LV00003B/1482

* 9 7 8 2 3 2 9 6 3 0 1 6 8 *